RÉPUBLIQUE DES PÈRES DE FAMILLE

OU

GOUVERNEMENT NATIONAL

RÉPUBLIQUE

DES

PÈRES DE FAMILLE

OU

GOUVERNEMENT NATIONAL

PAR

ABAUZIT

De Saint-Etienne-de-Lugdarès

PROPRIÉTÉ DE L'AUTEUR

MARSEILLE

TYPOGRAPHIE ET LITHOGRAPHIE CAYER ET Cie
Rue Saint-Ferréol, 57.

1874

SOMMAIRE.

INTRODUCTION

Il y a trois ans que nous avons tracé les
quelques lignes qui suivent, et, l'occasion
aidant, nous les avions soumises à quelques
journalistes et même à quelques membres de
l'Assemblée nationale, les priant de nous dire
si nos idées avaient quelque valeur et si ce n'é-
tait pas trop hors de la raison qu'elles avaient
été conçues. Comme notre but était de les dédier
uniquement aux pères de famille, nous les
avons également soumises à un grand nombre
d'entre eux et tous ont été d'un avis unanime à
nous engager à les livrer à la publicité, et certes,
si à cette époque nous ne l'avons pas fait, c'est
uniquement dans l'espoir que nous serions de-
vancés par des projets bien plus grandioses et
bien mieux conçus que le nôtre. Mais quel est
l'homme le plus prévoyant en politique qui, à
cette époque, aurait pu dire : *La France restera
plus de trois ans sans avoir un gouvernement positif.*

Il est vrai que, deux ans après (1873), le chef
du pouvoir exécutif a été remplacé par un autre

également digne, également capable et portant, comme le premier, le glorieux titre de Président de la République ; mais sommes-nous plus avancés vers le positif? Nous avons toujours une République de nom seulement et un gouvernement que nous pouvons bien appeler *innominé*.

Le nouveau gouvernement, qui s'est intitulé gouvernement de la morale, a fait, dans les administrations un bien grand nombre de destitutions, de changements et de nouvelles nominations, dans le but, nous dit la presse, d'épurer les postes ; certes, nous savons bien que l'épuration est une vertu, mais cela ne fait pas cependant que nous soyons aujourd'hui plus avancés en forme de gouvernement, que ce que nous l'étions il y a trois ans. Le gouvernement de la morale n'a pas encore fait de grandes merveilles pour le bonheur de la France.

La presse nous dit encore tous les jours : « Il y a projet d'éditer et de promulguer des lois constitutionnelles. Quand le fera-t-on? Ne dirait-on pas que, dans leur incapacité, nos gouvernants n'osent pas, ou plutôt qu'ils ne savent comment s'y prendre? Eh bien! notre projet tout patriotique et tout simple qu'il est, vous en ouvre la marche et il vous en donne les moyens. Nous nous attendons bien que ceux qui veulent être constituants quand même, et toujours à leur seul et unique profit, diront que notre projet est inapplicable; qu'il n'est qu'une utopie qui conduit trop directement à la souveraineté du peuple, à la franchise des communes; il conduit trop à l'exclusion des faveurs et des honneurs. A cela nous répondrons, nous, que notre projet, par sa simplicité, est tellement rationnel, qu'il est le seul qui puisse sauver la France en fondant un gouvernement réellement national, afin de nous débarrasser des convoitises despotiques des prétendants et de nous préserver d'une guerre intérieure et extérieure. D'ailleurs, lisez-nous et vous verrez que nous n'avons pas la prétention d'avoir fait un ouvrage; mais que nous soumettons seulement des idées que vous appliquerez en ce qu'elles ont de bon et que vous modifierez, selon que leur application vous en montrera l'utilité et le besoin.

Dans notre organisation communale, cantonale et départementale, nous touchons un peu au vote et vous verrez que nous n'acceptons pas les utopies que nous avons lues dans certains journaux. Nous avons dit et nous dirons toujours : « Tout Français, sans distiction de caste et de classe, sera électeur, pourvu qu'il jouisse de ses droits civils ; mais une seul citoyen, un seul vote. » Nous en dirons autant de l'organisation militaire actuelle, qui est un peu trop empreinte de partialité ; nous tenons toujours à celle que nous avions soumise au ministère en 1867, époque à laquelle on nous répondit que la France ne voulait absolument plus de militarisme. Nous la ferons connaître prochainement.

RÉPUBLIQUE

DES

PÈRES DE FAMILLE

OU

GOUVERNEMENT NATIONAL

———

En 1848, à la chute du Gouvernement de Juillet, la République fut proclamée pour la seconde fois, et ses ennemis ne se faisaient pas faute de crier alors partout et toujours : « La République est impossible en France. »

Aujourd'hui, après celle de 1870, nous entendons clabauder encore les mêmes paroles, auxquelles on peut ajouter les menées peu patriotiques des partis monarchiques, dont les serviphiles ne craignent pas de crier et d'ajouter : « Voilà la troisième fois que la France essaie de la République, et jamais elle n'a pu obtenir un gouvernement positif, capable de satisfaire les républicains eux-mêmes ? »

A cela, on nous permettra de répondre : Non. Jamais, au grand jamais, la France a essayé de vivre sous un gouvernement républicain.

Il est vrai que, pendant trois fois, ou à trois époques différentes, le peuple français, las de la tyrannie et de la dépravation de ses administrateurs, a renversé ses gouvernements monarchiques, et ces gouvernements monarchiques ont toujours été remplacés par un gouvernement provisoire auquel on a donné le nom dérisoire de République. Vous savez tous, mieux que nous, que c'était toujours le gouvernement monarchique que quelques hommes dévoués, ou ambitieux, comme vous voudrez les appeler, géraient sous le nom de République; mais ces administrateurs n'ont jamais cherché à asseoir réellement un gouvernement républicain. Cependant quand on veut élever un monument, on commence par poser les bases sur lesquelles on doit bâtir les théories dont on veut éprouver le bon ou le mauvais effet; et puis, selon le bon ou le mauvais résultat, on les adopte ou on les rejette; c'est ce que n'ont pas fait les républicains de 1789, de 1848, et ceux de 1870 profiteront-ils des leçons données par nos deux premières Révolutions?

La République de 89 fit de grands efforts, et disons mieux, elle fit des miracles pour se débarrasser de la tyrannique féodalité. Il est vrai qu'elle eut à essuyer un grand nombre de tourmentes, mais cependant elle obtint de très grands résultats, qui malheureusement, dans les vicissitudes de la tourmente politique, furent plus tard, honteusement vengés. Néanmoins, la victoire est restée aux honnêtes et vertueux pères de famille, qui depuis lors n'ont plus porté le nom ignoble de *rustres, manants, vilains.*

La République de 1848 fit la surprise et l'admiration de tout le monde; mais après la courte durée de l'orage politique, quatre partis, poussés par leur ambition plutôt que par leur amour patriotique, dressèrent la tête; ces quatre partis étaient : le Droit divin, la Monarchie déchue, la République et l'Empire. Ces quatre partis, se croyant plus rusés les uns que les autres, veulent triompher quand même par les élections qui doivent nommer une Assemblée nationale, constituante ou législative. Cependant ces quatre partis ont peur et ils attendent avec anxiété leur triomphe ou leur defaite. Pourquoi? Parce qu'alors il y avait au pouvoir provisoire une noble épée portée par un héros qui n'avait qu'un seul parti, celui de faire la France, sa patrie, grande et florissante. Ce héros incorruptible était Cavaignac, capable de prévoir le danger, de le braver et de réprimer le désordre, parce qu'il aimait sa patrie.

La peur et la coupable ambition, ou plutôt l'anti-patriotisme, firent fusionner ces quatre partis, dans l'intention, bien entendu, de se leurrer les uns les autres après le résultat des élections. Ces quatre partis fusionnés sacrifièrent le mérite et ils nommèrent un ambitieux paré d'un nom, qu'ils surnommèrent *Mannequin*, facile à tomber le jour convenu. Mais l'ambitieux sans cœur et sans patriotisme est capable de tout, et le Deux Décembre, ce Mannequin prouva à ceux qui l'avaient nommé qu'il était le digne héros de Strasbourg et de Boulogne. C'est ce même héros Mannequin que ses satellites ont trahi et conduit à Sedan où il a honteusement rendu la glorieuse épée de la France.

Le Quatre Septembre, la divine Providence ayant en horreur la corruption de tout gouvernement personnel, et croyant la France trahie et vendue par de tristes enfants des faveurs, la Providence, disons-nous, traça sur le sol français le mot République, mot qui, sans verser une seule goutte de sang, a effrayé tous les monarques de l'Europe, nos ennemis ou plutôt nos acheteurs. Cette même Providence a inspiré à quelques hommes courageux et dévoués de former un gouvernement provisoire qui à ce moment-là était le seul salut de la France. Cependant Bismark n'a pas voulu reconnaître ce gouvernement provisoire pour traiter de la paix ou de la guerre, mais surtout de la précieuse proie, l'*indemnité* : triste indemnité que nous, pères de famille, paierons bien cher. La France, quoique trahie et vendue, a répondu, avec sa fierté naturelle, aux exigences de l'ennemi : « Les membres du gouvernement provisoire sont mes enfants, et je tiens pour un fait accompli tout ce qu'ils t'ont promis, parce qu'ils n'ont agi que pour le salut de la patrie ; témoin les quelques élections précipitées que tu exiges et que je vais faire dans les départements libres. Le résultat de ces premières élections a été d'amener à la Chambre tous les élus qui forment aujourd'hui la majorité : les monarchistes. Nous devons en excepter ceux qui ont causé la chute de l'Empire et qui, pendant la guerre, sont allés se cacher, nous ne dirons pas dans quels lieux ! »

Vous voyez, pères de famille, que jusque-là la République n'a été et n'est encore aujourd'hui qu'un nom. Le Gouvernement lui-même a été incomplet jusqu'au 2 juillet, puisque tous les départements n'y étaient pas représentés, et cette première moitié de l'Assemblée ou du Gouvernement n'était-elle pas nommée seulement pour donner une caution aux exigentes précautions de Bismark? Triste première moitié du Gouvernement provisoire qui, par l'abrogation de la loi de précaution, a ouvert les portes de la France à tous les prétendants, et, un jour peut-être, elle sera la cause que le sol de la patrie sera arrosé du sang de ses enfants. La seconde moitié de l'Assemblée, nommée le 2 juillet, ne se prévaudra-t-elle pas de son élection plus libre? Approuvera-t-elle les lois faites et promulguées par la première moitié qui était nommée et donnée pour servir *seulement* de caution? Nous faisions alors des vœux pour une bonne entente, afin que nous eussions le temps et la liberté de nommer un Gouvernement essentiellement national et républicain composé de pères de famille et géré par eux-mêmes. Les faits accomplis nous démontrent aujourd'hui que la première moitié de l'Assemblée, élue pour servir seulement de caution, s'est déclarée maîtresse absolue des destinées de la France, et, dans son incapacité, elle n'ose et ne peut cependant faire quelque chose de stable; encore moins s'adresser à l'approbation du peuple souverain. Hélas! elle a peur de perdre son mandat.

En 1871, nous disions encore :

Aujourd'hui, la France républicaine est l'épouvantail des monarchies de l'Europe, et, malgré ses aspirations vers le progrès, cette même France se trouve aujourd'hui dans l'alternative de choisir entre la paix ou la guerre. Si elle se donne une monarchie, quelle qu'elle soit, elle vote pour la guerre, non-seulement d'un peuple contre un autre peuple, mais elle met le feu à l'Europe; car, ne nous le dissimulons pas, aujourd'hui c'est la guerre entre les monarchies agonisantes et la démocratie naissante! En effet, avec une monarchie, la France sera forcée de déclarer la guerre à l'Italie, car ce sera la condition *sine quà non*. L'Italie aura l'appui de la Prusse, de là celui de la Russie et de l'Angleterre, et peut-être même celui de l'Autriche, car vous savez ce que l'Autriche répondit à M. Thiers : qu'elle voyait avec une bien grande peine les malheurs de la France, mais qu'elle resterait neutre *forcément*. Tel était alors et tel est encore le mot d'ordre de toutes les monarchies coalisées contre la France qui a la prétention de porter la lumière chez les autres peuples, tandis que les monarchies les veulent plonger dans l'obscurité la plus complète, dans l'ignorance.

Si dans la dernière guerre, la France avait battu la Prusse, elle n'aurait pas franchi le Rhin, parce que toutes les puissances lui auraient crié : « Halte-là! France, tu n'iras pas plus loin! » Le contraire a eu lieu. La Prusse s'est promenée sur le sol français, et M. Thiers vous dira que toutes les puissances de l'Europe lui ont répondu par une indifférente neutralité. Hélas! c'était convenu d'avance! D'après les faits que nous avons vus s'accomplir, il est très facile de prévoir que si la France se donne une monarchie, les puissances de l'Europe la mépriseront, ou plutôt, la réduiront à sa plus simple expression; elles ont déjà commencé par son territoire et même par son commerce. Elles ne veulent plus que la France porte le flambeau de la lumière, ni qu'elle arbore le drapeau de la liberté; elles veulent nous réduire à l'impuissance, sous le nom d'une chétive monarchie, ce que les prétendants ne refuseront jamais, dussent-ils n'être que de simples *roitelets*.

Si, par contre, la France se donne un Gouvernement national ou républicain formé de pères de famille : agriculteurs, propriétaires, négociants et industriels, et géré par eux-mêmes, qui ont tout intérêt à l'économie, à sauver leurs biens et à conserver leurs enfants, la France, disons-nous, goûtera les bienfaits d'une paix de longue durée; elle réparera ses malheurs, ses pertes, et elle ne s'élancera plus dans l'aventure de ces guerres lointaines qui ne lui ont rien produit; telles sont celles de Sébastopol, du Mexique, où nous avons dépensé inutilement notre argent et perdu nos enfants, pertes énormes et sacrifices irréparables.

Connaissez-vous bien également, pères de famille, la cause de la dernière guerre que nous avons eue avec la Prusse? Guerre qui nous a coûté près de dix milliards, plus la perte de deux provinces, après avoir conduit nos enfants à la boucherie et ne nous avoir laissé que la honte et le mépris consommés à Sedan? Savez-vous également pourquoi, pendant l'invasion de l'ennemi, on a essayé d'allumer la guerre civile dans toutes les villes de France? Faut-il attribuer cette cause à la coalition des monarchies de l'Europe contre la France? Leur entente unanime nous inspire, à nous personnellement, de bien grands doutes.

Nous ne parlerons pas ici du peu de patriotisme de certains partis qui, pour élever leur idole et dominer eux-mêmes, ne craignent pas de déchirer le sein de la mère-patrie, de porter atteinte à l'agriculture, au commerce et à l'industrie, seules sources, ou, comme le disait Sully, seules mamelles qui donnent du pain au père de famille et à ses enfants; seules sources de fécondité qui peuvent et doivent rendre la France grande, prospère et florissante. L'avenir seul mettra au grand jour toutes ces menées peu patriotiques, et l'histoire flétrira à jamais le nom de ceux qui ont administré notre pauvre France avant l'année 1870. On a fait une enquête sur les évènements de Paris (la Commune), sur ceux de Lyon, de Marseille, etc. ; en fera-t-on une sur les administrateurs de la France, ministres et ambassadeurs, pendant les années 1868-1869 et pendant la première moitié de celle de 1870? L'homme taré du Mexique, le traître de Metz vit luxueusement dans un lieu de plaisance (aujourd'hui un jugement l'a condamné), et l'homme aux boutons de guêtre dort chez lui aussi tranquillement qu'un honnête citoyen. Pauvre France !!!

Aujourd'hui, nous n'avons de la République que le seul nom, et avec ce nom seul, les monarques de l'Europe semblent s'être un peu adoucis à notre égard ; ils désirent même une bonne entente avec la France. Pourquoi cela? Parce qu'ils comprennent fort bien que si la France se donne un gouvernement républicain sage et géré par des pères de famille, des propriétaires laborieux, des négociants consciencieux, des industriels à progrès, elle se dressera au milieu de l'Europe comme un phare à grand éclat et elle pourra dire à toutes les monarchies qui veulent la réduire : *Je suis la France, ne me touchez pas !...*

Le gouvernement personnel a toujours été et sera toujours la cause de toutes les révolutions. L'histoire de tous les temps et de tous les peuples, depuis les Pharaons jusqu'à nos jours, nous le démontre surabondamment. Rétablissez aujourd'hui la monarchie en France, vous ne pourrez le faire qu'en versant le sang, et quel que soit le parti qui triomphe, il sera toujours en butte aux vicissitudes des révolutions, parce que tous ceux qui osent se dire prétendants et tous les serviphiles qui les soutiennent, feront tous leurs efforts pour dominer à leur tour. Depuis cinquante ans, la France a eu sept à huit gouvernements, et le meilleur n'a pas fait notre bonheur, témoin le dernier, qui touchait l'argent que versaient les pères de famille pour exonérer leurs fils du service militaire. Les pères de famille ont payé et leurs fils n'ont pas été remplacés ; la preuve, c'est qu'en 1870, au lieu de 800,000 hommes que la France devait avoir en armée régulière, elle n'en a eu que 250,000, et nos fils ont été obligés de partir, parce que notre argent n'a servi qu'à engraisser les favoris et tous les élus des faveurs et des honneurs ; lèpre qui épuise un gouvernement, l'appauvrit, le ruine et le vend s'il le faut ; témoin les trois dernières années de l'Empire, pendant lesquelles on dégarnissait nos arsenaux, sous prétexte de renouveler le matériel de guerre qu'on n'a jamais remplacé par un neuf. Il en a été de même pour tous les approvisionnements militaires ; cependant vous vous rappelez que l'on disait à l'Empereur que nous étions prêts et en état de soutenir une guerre : certes, les Allemands n'ont pas eu besoin d'être des preux pour battre la France désarmée et toute nue !

Pères de famille, enfants soumis et obéissants, ouvriers consciencieux et laborieux, faisons tous nos paisibles efforts pour asseoir sur des bases solides et honorables le gouvernement du Peuple Souverain. Il sera plus sage, plus juste, en abolissant cette féodalité de faveurs et d'honneurs, et il coûtera bien moins cher à la France; le vote universel nous donne les moyens d'établir le gouvernement de la paix sans verser une seule goutte de sang.

Donc :

PLUS D'EMPIRE ; il coûte trop d'argent et trop de sang.

PLUS DE MONARCHIE; elle tient trop du despotisme et du servage.

PLUS DE GOUVERNEMENT PERSONNEL, parce qu'il ne respecte ni la famille, ni la propriété, et il se rend maître du peuple comme d'un vil troupeau.

PAS MÊME UNE RÉPUBLIQUE en dehors du gouvernement des pères de famille, parce que les trop ardents républicains ne visent qu'au Gouvernement *Personnel*.

Créons donc le seul gouvernement qui soit possible en France : le gouvernement des pères de famille, formé et géré par eux-mêmes? Nommons un Gouvernement National.

Par ce mode, les prétendants comprendront que le peuple français ne veut plus être une propriété ; mais réclame une liberté d'ordre et de morale fraternelle, et que les quatre partis prétendants sont aujourd'hui la mort de la France, notre patrie à tous.

Pour atteindre ce but, voici notre manière de procéder :

GOUVERNEMENT DU PEUPLE SOUVERAIN.

OU

RÉPUBLIQUE DES PÈRES DE FAMILLE

ET MIEUX

GOUVERNEMENT NATIONAL

Dès que la France se sera rendue maîtresse d'elle-même, qu'elle aura réparé ses malheurs, ce qui sera bientôt, grâce à M. Thiers (cela est fait aujourd'hui) et qu'elle aura dompté les factions qui la déchirent, et qui plusieurs fois ont facilité l'invasion de l'ennemi sur son territoire, elle nommera, par des élections générales, les membres du Gouvernement du Peuple Souverain, en procédant de la manière suivante, en commençant par les communes, les cantons et les départements.

ARTICLE 1er.

Chaque commune de la République Française se gouvernera et s'administrera elle-même. Elle nommera, par des élections essentiellement communales, les hommes sages et dévoués qui devront former son Conseil municipal ou communal, qui doit être le père et l'administrateur commun de toutes les familles privées qui composent la commune ; car ne perdons pas de vue qu'une commune est composée et formée d'un certain nombre de familles qui, par instinct social, ont mis en commun leur sécurité personnelle et celle de leurs propriétés : de là, administration communale analogue à celle de la famille elle-même.

Dans les élections communales, nul ne sera nommé conseiller municipal s'il n'est enfant de la commune même, s'il n'est âgé de trente ans au moins, et s'il n'est soumis à la cotisation des impôts directs ou indirects ; même, un père de famille ne peut céder son droit d'être nommé conseiller municipal à l'un de ses fils, tant que ce dernier ne sera pas imposé personnellement.

Un étranger à la commune, qui, par achat d'immeubles ou par raison de commerce ou d'industrie, serait venu se fixer dans la commune, pourra être nommé conseiller municipal, à la condition qu'il soit Français, qu'il habite la commune depuis cinq ans au moins et qu'il y ait son domicile réel.

Nous entendons par domicile réel, le domicile du citoyen qui a sa famille, ses propriétés, ou le centre de ses affaires, s'il est négociant ou industriel, dans la commune même.

Nous excluons du domicile réel les riches citadins qui ont une ou deux propriétés dans telle ou telle commune, et où ils vont passer deux ou trois mois de l'année, uniquement pour se distraire : ceux-là, qu'ils soient comtes, marquis ou barons, grands négociants ou grands industriels, ne peuvent et ne doivent pas être nommés conseillers municipaux de cette commune, encore moins maires ou adjoints, parce qu'un maire qui habite la ville ne peut pas bien administrer une commune rurale où il ne va que deux ou trois fois par an et souvent une seule, lors de la formation du budget.

Habitants des campagnes, ne dites plus : « Notre maire habitant la ville et étant près du préfet, obtiendra plus facilement ce dont la commune aura besoin. » Votre maire habitant la ville, s'occupera de ses affaires plutôt que des vôtres ; d'ailleurs, l'administration d'une commune rurale diffère essentiellement de celle d'une commune urbaine, sous le rapport de l'agriculture, du commerce et de l'industrie : il est vrai, que si la commune s'administre elle-même, elle n'aura plus à attendre la bonne volonté d'un sous-préfet ou d'un préfet.

Les pères de famille qui seront nommés pour former le Conseil municipal ou communal, se réuniront après les élections dans la maison commune, pour nommer, par voie de scrutin, deux d'entre eux; l'un pour être maire et l'autre pour être adjoint.

Dans l'ancien régime, on nommait maire de droit le conseiller municipal qui avait obtenu le plus de voix. Ce système était vicieux, en ce sens qu'un parfait honnête homme peut obtenir l'unanimité des suffrages et n'avoir pas toutes les qualités voulues pour faire un bon administrateur.

Le maire, l'adjoint et les conseillers municipaux étant nommés, on dressera un procès-verbal à double, dont l'un restera à la commune et l'autre sera envoyé à l'administration supérieure du département, comme nous le dirons plus tard.

Le dimanche qui suivra les élections communales, le maire, l'adjoint et les conseillers municipaux prêteront serment au Gouvernement établi en France. Ce serment sera fait verbalement en public, s'il est possible; puis, écrit par l'assermenté lui-même sur le livre des serments que chaque commune sera tenue d'avoir.

La commune, s'administrant et se gouvernant par elle-même, donnera à son maire le droit de nommer tous les employés dont elle aura besoin pour son service et pour sa sécurité; tels que : commissaire, garde-champêtre, garde-forestier, cantonnier et tout fonctionnaire qu'il lui plaira d'avoir. Ceci est pour les communes rurales. Toutes les nominations précitées seront soumises au conseil municipal, qui les modifiera selon les besoins de la localité et la garantie de l'individu nommé, attendu que c'est la commune qui nomme par la voie de ses élus.

Quant aux maires des moyennes ou des grandes villes, ils nommeront également eux-mêmes tous les employés dont le service de la ville aura besoin ; mais, vu que la population urbaine est plus nombreuse et que, par conséquent, les emplois seront en plus grand nombre, il sera bon d'exiger que le postulant soit français, autant que possible qu'il fournisse des preuves de sa moralité et de ses antécédents ; car il faut qu'il soit honnête homme avant tout. Employons autant que possible des hommes de notre localité, puisque nous les connaissons tous.

Dans les grandes villes, les maires pourraient, pour assurer et accélérer le service de la localité ou de la ville, nommer une commission *ad hoc*, prise parmi le Conseil municipal, et cette commission s'occuperait spécialement de toutes les nominations nécessitées pour le service et la sécurité de la ville.

La commune, s'administrant elle-même, pourra faire réparer ou construire tout ce dont elle aura besoin, par exemple : chemins de grande et de petite communication ou d'autres facilitant le transport des produits de l'agriculture ou d'une industrie quelconque. Elle pourra construire un ponceau, placer une passerelle, construire, entretenir ou réparer un édifice communal, etc., etc., sans être assujettie à demander la permission à l'autorité supérieure qui, sous les règnes précédents, ne laissant pas un centime à la disposition des communes, entravait ou retardait les travaux d'une manière nuisible plutôt que salutaire ou avantageuse.

Egalement, si l'on avait à exécuter des travaux pour la communication ou pour l'utilité de plusieurs communes, les maires et leurs conseillers municipaux se rendraient au chef-lieu du canton, et, sous la présidence du maire du chef-lieu, ils délibèreraient sur l'utilité des projets soumis par les communes intéressées; et, dans cette réunion, on fixerait la quote-part proportionnelle que chaque commune devrait payer.

Par ce mode, nous voulons rallier chaque commune au chef-lieu du canton pour ne former qu'une seule famille cantonale capable de pourvoir à ses besoins, sans être assujettie aux caprices d'une administration qui s'occupe plus d'embellir une ville, de lui donner de belles routes ou de belles promenades, au détriment des communes rurales qui ont été trop négligées et trop abandonnées jusqu'à ce jour.

On doit facilement comprendre que, pour atteindre le but que nous nous proposons, il faut qu'il y ait ou que l'on crée des caisses communales et cantonales, comme nous le dirons plus tard.

Art. 3.

Il y aura dans chaque commune deux livres : le livre des votes et le livre des serments.

Le livre des votes, sur lequel seront inscrits les noms, prénoms et l'âge de chaque électeur; le nom du père et de ses fils âgés de 21 ans, époque de la majorité reconnue et voulue par la loi.

Quant aux ouvriers qui font, vulgairement dit, leur tour de France, ou bien encore qui travaillent dans une localité en dehors de leur circonscription électorale, ils ne seront électeurs que tout autant qu'ils travaillent dans la localité même depuis un an au moins.

L'ouvrier consciencieux et raisonnable comprendra facilement qu'un séjour de *six mois* (nous mettrions volontiers deux ans), dans une localité, ne lui permet pas de bien connaître le candidat que l'on porte, et que, dès lors, il ne peut pas voter en pleine connaissance de cause, et, s'il vote, il ne votera que par commande; c'est-à-dire que ce ne sera pas lui-même qui votera, mais bien ceux qui le guident.

Le second livre sera le livre des serments, sur lequel chaque assermenté, depuis le maire jusqu'au plus petit employé de la commune, écrira de sa propre main le serment qu'il aura fait verbalement. La formule du serment sera conçue dans le sens suivant :

En présence de Dieu qui me jugera et au nom de la mère-patrie, je jure et promets à ceux qui m'ont nommé de ne reconnaître en France que le Gouvernement de la République, à laquelle je jure fidélité et dévouement. Ou bien, *au Gouvernement national,* comme il vous plaira de le dénommer.

Par ce mode d'écrire son serment, nous avons l'espoir de le ramener à sa valeur la plus sacrée; car, aujourd'hui, les serments s'envolent aussi légèrement que les feuilles d'automne en plein vent. Témoins certains petits et hauts fonctionnaires qui ont prêté serment à la Royauté de 1830, à la République de 1848, à l'Empire de 1852 et à la République de 1870. La parole d'honneur d'un honnête homme n'a plus de valeur aujourd'hui, non-seulement d'homme à homme, mais encore entre parents, pas même entre le père et le fils. Voilà où nous a conduits la corruption d'un gouvernement personnel, corruption que le Gouvernement des pères de famille effacera en rendant au serment sa valeur sacrée et ineffaçable.

La commune étant ainsi organisée et s'administrant elle-même, en ce qui concerne ses petits intérêts, veillera à la sécurité et au bon ordre local, c'est-à-dire qu'elle ne supportera plus dans son sein des individus qui, n'ayant pas des revenus et ne travaillant pas, y vivent comme des rentiers; à plus forte raison si ces individus sont étrangers à la localité, fussent-ils même des Français.

L'administration locale doit encore, pour la sécurité du pays, veiller avec soin et tâcher de connaître les antécédents et la moralité des étrangers qui viennent travailler dans la commune, quel que soit leur état; cela sera d'autant plus facile que les pères de famille qui emploient des ouvriers et qui ont des domestiques, se seront déjà assurés des antécédents de tous les étrangers qu'ils emploient, ce qui ne les dispensera pas de veiller continuellement sur eux.

Par ce mode, la commune n'aura plus dans son intérieur un tas d'individus qui souvent n'ont ni foi ni loi, peut-être même pas de patrie, et qui s'offrent à qui veut les acheter pour mettre le désordre, allumer l'incendie, piller et assassiner, juste ce qu'en 1871 nous avons vu dans les grandes villes de France et à Paris principalement.

Si Paris n'avait pas supporté dans son sein le ramassis de toutes les nations, ramassis que ceux qui nous ont ruinés payaient de notre propre argent, Paris, disons-nous, n'aurait pas vu le massacre dans ses rues, le vol et l'incendie de ses maisons et de ses édifices publics.

Que, dès aujourd'hui, toutes les communes de la France, depuis la plus petite commune rurale jusqu'aux communes des grandes villes, épurent leur population et pourchassent sans miséricorde tous ces êtres payés par ceux-là mêmes qui cherchent à nous perdre en nous assujettissant à l'esclavage le plus honteux, ét en nous privant de l'instruction qui, seule, peut nous aider à marcher vers le progrès.

Nous croyons qu'il ne serait pas impossible que, dans les communes rurales, les pères de famille et leurs enfants majeurs s'entendissent pour veiller à la sécurité de toutes les familles, en passant une nuit, tous les quinze jours, à monter une garde pour la tranquillité de la localité. Et qui empêcherait, dans les grandes villes, que les propriétaires, les négociants et les industriels s'organisassent pour monter une garde tous les quinze jours, et à tour de rôle, chacun dans son quartier ou dans sa rue ? Ce mode bien ordonné et bien organisé mettrait les voleurs et les assassins dans l'impossibilité d'inspirer de vives craintes aux paisibles et laborieuses familles ; ajoutons cette surveillance volontaire à celle obligatoire de la police, à laquelle nous serions d'un grand secours.

Les communes sont les enfants de la mère-patrie ; ce sont elles qui la forment ; aussi doivent-elles s'aider et se respecter mutuellement. Une commune, quelque grande qu'elle soit, ne doit pas avoir la prétention de dicter des lois à une autre, fût-elle, cette dernière, une toute petite commune rurale. La mère patrie a seule le droit d'édicter des lois et de les imposer aux communes, et encore doit-elle respecter et leur intégrité et leur bonne administration.

Art. 4.

Les élections communales étant faites et l'administration nommée et établie, les communes qui forment un canton procèderont, comme par le passé, à l'élection d'un conseiller général et d'un conseiller d'arrondissement, car ces deux Conseils sont, à notre avis, nécessaires pour la bonne administration d'un département; mais, nous le répétons encore :

Nul ne sera nommé conseiller général ou conseiller d'arrondissement, s'il n'est enfant du pays et s'il n'a son domicile réel dans le canton même...

Ne faisons pas l'injure à un canton de croire que l'on ne pourra trouver dans son sein un de ses enfants, un homme capable d'être conseiller général ou conseiller d'arrondissement. Qui ne serait pas capable de dire : « Mon canton a besoin de telle ou de telle voie de communication. » Ou bien: « Telle commune a besoin de telle amélioration ou de tel secours. » Pour exposer tous ces besoins ou demander un secours, il n'est pas nécessaire d'être grand orateur, encore moins un grand parleur. Un enfant du canton connaîtra bien mieux qu'un étranger l'administration de sa localité et les améliorations à y apporter. Cependant, si une personne avait acheté un immeuble dans une des communes du canton, ou si un négociant ou un industriel y avait établi le centre de son négoce ou de son exploitation, il serait considéré comme ayant, dans le canton,

son domicile réel, et après cinq ans, il serait
considéré comme électeur et éligible.

Dès que les élections cantonales seront termi-
nées, les élus se rendront au chef-lieu pour le
Conseil général, et les élus pour le Conseil d'arrondissement au chef-lieu de l'arrondissement.
On procèdera d'abord à la nomination d'un président, d'un vice-président et d'un secrétaire.
La prestation du serment se fera comme par le
passé, mais avec cette différence, que le serment se fera d'abord de vive voix et ensuite par
écrit sur un livre uniquement destiné à cet acte
sérieux, afin de rendre, comme nous l'avons
déjà dit, au serment sa valeur sacrée, trop
méprisée et trop avilie dans ces derniers temps.

Le lendemain de la formation des bureaux et
de la prestation du serment, les membres du
Conseil général se réuniront dans le local désigné pour leurs séances, et là, ils feront, eux
seuls, des élections pour nommer le préfet du
département qui sera pris dans le sein de l'assemblée générale, c'est-à-dire qu'un membre du
Conseil général sera nommé préfet du département, pour cinq ans seulement.

Le Conseil général étant l'expression des votes
de la commune et du canton ne fera, en nom-
mant préfet un de ses membres, qu'obéir aux
votes et au choix du peuple souverain, puisque
le préfet sera un de ses élus, nommé par lui-
même et non choisi parmi les favoris d'un gouvernement personnel quel qu'il soit.

Il va sans dire que le canton qui aura l'honneur de voir son conseiller général nommé
préfet pour cinq ans, procèdera à de nouvelles
élections pour avoir son représentant au Conseil
général.

Le Conseil d'arrondissement procèdera de la même manière pour la formation de son bureau et ensuite pour nommer sous-préfet de l'arrondissement un de ses membres, et le canton qui l'aura élu, fera de nouvelles élections pour lui donner un successeur.

Dans chaque préfecture et sous-préfecture, il y aura un livre où seront inscrits les noms et prénoms des élus pour le Conseil général et pour celui de l'arrondissement, avec le procès-verbal des nominations de préfet et de sous-préfet, signé de tous les membres du Conseil auxquels les deux élus prêteront serment chacun à l'assemblée respective qui l'aura nommé.

Le ministre peut également exiger le serment du préfet et du sous-préfet, mais ce sera toujours pour le maintien du gouvernement des pères de famille.

Vous allez peut-être nous dire que nous avons blâmé le serment prêté à différentes époques, par le même élu ; certes, tout le monde comprendra que si nous exigeons que le même sujet prête le serment plusieurs fois, ce ne sera jamais que le même serment répété à tous les degrés de la hiérarchie et ce sera toujours le même serment prêté à la mère-patrie.

Un double du procès-verbal sera envoyé à l'autorité supérieure ; car, bien que le Conseil général nomme pour préfet un enfant du pays, nous entendons que ce haut fonctionnaire dépendra de son ministère respectif, et le Conseil général rehaussé par cette nomination pourra, en respectant les ordres émanant de l'autorité supérieure, coopérer plus avantageusement à la paternelle administration du département.

En effet, si Marseille, par exemple, nomme pour son préfet un de ses enfants, croyez-vous qu'elle ne sera pas administrée aussi bien que si on lui envoie un enfant du nord de la France? De même, croyez-vous qu'un Marseillais administrera un département du nord mieux qu'un enfant de ce pays-là?

Par notre mode, le préfet et le sous-préfet seront nommés par les électeurs du département qu'ils administreront. Et disons mieux: — L'administrateur sera nommé par ses administrés eux-mêmes; nomination bien plus honorable que celle faite par un gouvernement personnel qui, jusqu'à ce jour, ne nous a montré que la féodalité des faveurs, et souvent au détriment du mérite; faveurs qui sont aujourd'hui la source néfaste du radicalisme, de quelque côté que vous l'envisagiez, et ajoutez-y le système des conservateurs qui veulent quand même conserver tout ce qui flatte leurs ambitions.

Bien que le préfet et le sous-préfet soient nommés, l'un par le Conseil général et le second par le Conseil d'arrondissement, ils dépendront, comme nous l'avons déjà dit, de leur ministère respectif, et s'il arrivait que le ministre reconnût en eux des facultés supérieures pour leur confier une direction ou un poste éminent, le ministre s'adresserait au président du Conseil général, qui convoquerait cette auguste assemblée pour donner un successeur au préfet ou au sous-préfet démissionnant.

Il est facile de prévoir, par ce qui précède, que les travaux dans les bureaux de préfecture et de sous-préfecture, seront diminués de beaucoup, attendu que chaque petite commune s'administrant elle-même, ne sera plus obligée de s'adresser à la sous-préfecture et à la préfecture et d'attendre, comme aujourd'hui encore, pendant des années, une décision, surtout lorsqu'il s'agit de simples travaux d'une petite localité. Par conséquent, vu cette diminution des travaux, nous pensons qu'il serait peut-être possible de supprimer les fonctions de conseiller de préfecture et de sous-préfecture, ou du moins, d'en diminuer le nombre.

Les conseillers généraux et le préfet étant les élus de leurs administrés, ne pourront qu'agir dans une entente toute en faveur du département qu'ils administrent, sans se prévaloir de prépondérance ou de supériorité, comme cela s'est vu sous les régimes passés et encore tout récemment à M..... S'il arrivait, par hasard, que le Conseil général ou d'arrondissement eût besoin de renseignements sur quelque point de l'administration départementale, les chefs des bureaux pourraient les donner et remplacer avantageusement les conseillers dont nous proposons la suppression, ou du moins, la réduction.

Notre projet est susceptible d'un grand nombre de modifications ; mais aussi, on peut y ajouter un grand nombre de réformes économiques, toutes pour le bien de la mère-patrie et pour une administration vraiment paternelle.

Art. 5.

Élections des Députés au Gouvernement du Peuple Souverain.

Les élections pour nommer un député à la Constituante, ou à l'Assemblée nationale, seront générales, c'est-à-dire qu'elles auront lieu le même jour dans toute l'étendue de la France. Il ne sera nommé qu'un *seul député* par arrondissement ; certes, ce nombre nous paraît plus que suffisant, car l'expérience nous a démontré que plus une assemblée est nombreuse, plus elle est diffuse ; plus il y a de parleurs, moins il y a d'accord, témoins les 750.

Tout Français âgé de 21 ans, sera électeur dans la commune où il aura son domicile réel, et tout étranger à la commune, qui ne remplira pas les conditions exigées pour les élections communales et cantonales, ne sera pas électeur, quand bien même il serait Français.

Nul ne sera nommé député s'il n'est âgé de trente ans au moins, s'il n'est Français et enfant de l'arrondissement qui doit le nommer et dans lequel il doit avoir son domicile réel.

Nous l'avons déjà dit, et nous ne craignons pas de le répéter, nous conseillons et nous désirons vivement que chaque commune soit gouvernée et administrée par ses enfants ; que chaque canton soit représenté au Conseil général et au Conseil d'arrondissement par un de ses enfants. Egalement, nous conseillons que chaque arrondissement soit représenté à l'Assemblée nationale ou souveraine, par un de ses enfants : un sage et laborieux père de famille, un consciencieux négociant ou un intelligent industriel.

Ne nommons plus de ces étrangers, grands parleurs et enfants des faveurs, de ces avides d'honneurs et chercheurs de fortune. Ne nommons que des gens de notre pays, des hommes sages et sans partis, dignes et capables de se dévouer au bien-être du pays qu'ils représentent, au développement de l'agriculture, de l'industrie et à la sécurité du commerce.

Dans les régimes passés, les avides de places et d'honneurs, qui s'intitulaient *candidats officiels*, ne craignaient pas de s'avilir en allant parcourir les cantons et les communes, pour quêter les suffrages des électeurs en leur promettant : aux uns, un chemin de fer, un canal ; à d'autres, un chemin de grande ou de petite communication, une église, voire même son clocher, ou bien encore une maison d'école. Les élections faites, la nomination obtenue, ces élus nous laissaient dans la position de la sœur Anne, qui ne voyait jamais rien venir.

Immédiatement après que ces dernières élections seront faites, les élus pour députés se rendront au chef-lieu qu'ils désigneront eux-mêmes, à Puris, nous supposons et même nous aimons à le croire.

Dès qu'ils seront réunis tous au lieu désigné, ils procèderont à l'élection de leur président, d'un ou de deux vice-présidents et des secrétaires, au nombre fixé par l'Assemblée.

Le président et les vice-présidents de la souveraine Assemblée étant nommés prêteront serment à l'Assemblée qui les aura élus. Ce serment sera fait d'abord de vive voix et, ensuite, écrit par les assermentés eux-mêmes snr le registre des serments, que nous appellerons le livre d'honneur ou mieux le livre d'or. La formule du serment sera semblable à celle que nous avons donnée, mieux conçue et mieux rédigée, bien entendu, car nous ne faisons que proposer.

Les députés prêteront ensuite serment au président qu'ils auront nommé, en prononçant la formule adoptée, puis, chaque député l'écrira lui-même sur le livre d'honneur ou le livre d'or. Nous espérons bien que chaque député prononcera avec conviction la formule du serment et qu'il l'écrira avec la conscience et la ferme volonté de se dévouer au salut et au bien-être de la patrie.

D'après notre mode, voilà l'Assemblée nationale ou souveraine élue et nommée par le peuple souverain, dûment et légalement constituée. C'est elle qui va gouverner la France et présider à ses destinées. C'est elle qui va choisir dans son sein un homme capable et digne de promulguer les lois qu'elle aura éditées dans sa sagesse, de les faire respecter et observer consciencieusement. Cet homme sage et jugé digne prendra, pendant la période quinquennale de la nomination des députés, le nom et le titre de Président de la République française.

Aujourd'hui, le choix d'un président n'est plus douteux; son élection ou plutôt sa nomination est assurée. L'Europe entière, nos ennemis mêmes, ont les yeux tournés vers nous et ils attendent avec impatience qu'un gouvernement issu légalement et librement du suffrage universel nomme par reconnaissance et avec confiance ou M. Thiers ou M. Mac-Mahon, seuls capables de nous attirer la confiance des peuples de l'univers, de faire régner la paix en France, et nous pourrions ajouter en Europe, afin que nous puissions réparer nos malheurs, reconquérir notre ancien prestige, notre valeur et notre puissance dans la voie de la civilisation contre le despotisme et contre la barbarie. Les puissances monarchiques de l'Europe ne se le dissimulent pas : la France renaissant de ses malheurs est appelée à jouer un grand rôle dans les destinées futures des peuples, pourvu qu'elle soit sage, prévoyante, et que, par une administration vraiment paternelle, elle sache mettre un frein aux ambitions peu patriotiques de ceux que l'on daigne encore appeler prétendants.

Le Président de la République nommé par la suprême Assemblée, issue des votes du peuple souverain, se rendra le jour fixé dans le sein de l'Assemblée souveraine pour jurer de se dévouer au maintien de la République française organisée et gérée par des pères de famille.

La formule adoptée pour la prestation du serment sera écrite sur le registre d'or et imprimée en tête du discours officiel que prononcera le président lors de sa prestation de serment devant l'Assemblée souveraine. Par ce mode, le Président de la République prêtera serment, non-seulement à l'Assemblée souveraine qui l'aura élu, mais encore au peuple souverain tout entier et à chaque commune, attendu que son serment comme son discours, seront affichés jusque dans les plus petites communes de la France et de ses colonies.

Le Président de la République sera responsable, envers la suprême Assemblée, de la gestion des affaires de la France. Il choisira et nommera lui-même ses ministres qu'il rendra également responsables chacun de son ministère respectif. Les ministres prêteront serment au Président de la République et ils l'exigeront également de tous leurs subordonnés. La suprême Assemblée pourrait exiger aussi le serment des ministres.

Actuellement et même depuis longtemps, il est question de nommer une seconde Assemblée, dite des Sénateurs, c'est-à-dire que la Chambre actuelle, qui est *législative et constitutionnelle*, serait réduite à n'être qu'une Chambre des députés, comme dans les anciens régimes ; c'est-à-dire encore qu'elle ne serait qu'une Chambre tolérée et nommée uniquement pour donner une satisfaction au peuple, mais qu'elle n'aurait pas le droit d'éditer et de promulguer des lois et qu'elle prendrait simplement le nom de Chambre Basse, tandis que si l'on nomme une nouvelle Chambre, dite des Sénateurs, cette nouvelle chambre prendra le nom pompeux de Chambre Haute, qui modifiera tout ce que la Chambre Basse aura dit et fait, et dont les votes et les décisions n'auront qu'une valeur bien minime et même trop restreinte. Nous savons bien que ceux qui excelleront en beaux discours dans la Chambre Basse et qui seront favorisés passeront à leur tour dans la Chambre Haute, et que, par là, les ambitions seront satisfaites ; mais notre budget, déjà trop lourd, n'y gagnera pas en économie et nous aurons à payer deux Chambres au lieu d'une seule, savoir celle des Sénateurs et celle existante, que nous conseillons encore de réduire de moitié pour cause d'économie et de bonne entente.

A notre avis, et toujours par raison d'économie, nous croyons qu'une nouvelle Chambre, composée de deux ou trois cents sénateurs, ne rendrait pas les mêmes services que pourrait le faire une plus petite assemblée, composée d'un nombre de pères de famille ou de citoyens les plus méritants, nombre qui ne sera pas au dessous de onze, mais qui ne dépassera pas celui de quinze. Les membres de ce Conseil ou de cette Assemblée prendraient le nom honorifique de *Pères de la Patrie* et ce conseil ou cette assemblée serait composé ou formé :

1° Des hommes éminents qui auraient été présidents de la République.

2° D'un maréchal ou d'un général retraité, ou bien même en activité de service, mais âgé au moins de 60 ans.......................... 1

3° D'un amiral étant dans la même position............................ 1

4° De deux propriétaires ayant rendu des services à la patrie et âgés de 60 ans.. 2

5° De deux négociants étant dans les mêmes conditions, 60 ans.............. 2

6° De deux industriels, etc............. 2

7° D'un ancien ministre de l'instruction publique, ou d'un ancien inspecteur d'Académie, âgé de 60 ans.................... 1

8° D'un ancien gouverneur de l'Algérie, 60 ans......................... 1

9° D'un ancien gouverneur des Colonies. 1

Si, pendant les cinq ans de la présidence ou du règne de l'Assemblée nationale, il se présentait un cas de force majeure, comme un cas de guerre ou de paix, messieurs les ministres, sous la présidence du Président de la République, délibéreraient sur ce sujet, et le procès-verbal de leur délibération serait soumis à l'Assemblée nationale ou souveraine, qui prononcerait par un oui ou par un non; et si la majorité de cette Assemblée n'était pas de trois quarts au moins, le Président de la République appellerait dans une Assemblée et les ministres et les Pères de la Patrie. La suprême assemblée nommerait, de son côté, une commission prise dans son sein et composée d'autant de membres qu'il y a de ministres et de Pères de la Patrie.

La délibération de cette nouvelle Assemblée serait envoyée à la suprême Assemblée qui éditerait une loi relative à l'objet de la délibération et la transmettrait au Président de la République, avec l'ordre d'exécuter les dernières décisions.

Il est inutile d'ajouter que ces délibérations se feraient à huis-clos.

Voilà, en abrégé, le sommaire du gouvernement des Pères de Famille que nous voudrions voir établir en France, afin de mettre un terme aux prétentions de ces ambitieux qui osent se dire héritiers du despotisme, et issus d'une race plus noble, si toutefois le mot *nohle* veut dire naître différemment que le commun des hommes. Hélas ! pauvres prétendants, en naissant, j'ai été votre égal et en mourant je le serai encore ; peut-être même le travail et la misère m'auront fait monter un échelon vers la Divinité, pendant que l'abondance des biens d'ici bas vous en aura fait descendre deux.

Pères de famille, écoutez le comte de Chambord qui, dans ses proclamations ose se dire : « Je suis l'enfant de la France et de par Dieu, je suis votre roi ! » Notre roi, bon Dieu ! Et de quel droit sommes-nous votre troupeau? Roi veut dire maître absolu ; et si nos ancêtres ont, par force ou volontairement, confié la *gérance* de leurs personnes et de leurs biens, c'est qu'ils l'ont fait servilement et par ignorance ; mais dans le dix-neuvième siècle, la vapeur et l'électricité nous ont appris que quand nous voudrons un maître, ou mieux, un gérant de nos personnes et de nos biens, nous saurons le choisir et le nommer nous-mêmes. Nous sommes hommes et non une propriété.

Quelle est la conduite qu'ont tenue les d'Orléans, prétendants de 1830? Pendant les dix-huit ans du règne de leur père, ils ont servi la France dans un état de luxe et de grandeur. C'est pour cela que le bon peuple français les aimait et les admirait. Pendant les vingt ans de l'Empire, ils ont été calmes et tranquilles; le peuple français les admirait et il continuait de les aimer; mais dès le jour que l'ennemi a foulé sous ses pieds le sol français et que la France a été saignée jusqu'au cœur, oh! dès ce jour-là, les d'Orléans ont jeté le masque et ils ont montré qu'ils n'aimaient la France que par intérêt. Aussi, ont-ils profité de ses malheurs pour venir lui mettre le pied sur la gorge en lui disant: « Grâces à l'abrogation de la loi d'exil, nous sommes libres; France, tu nous dois et paye-nous immédiatement. » Qu'ils eussent bien mieux fait de dire : « France, notre chère patrie; sers-toi de ce que tu nous dois! verse-le dans la caisse de la libération du territoire! « Oh! alors, le peuple français les eût bien mieux admirés ! Et peut-être les eût-il rappelés pour les prier de se charger des destinées de la patrie; mais aujourd'hui ils se sont jugés eux-mêmes.

Nous ne parlerons pas du second Empire. Disons seulement que le premier empereur Napoléon, en succombant sous le nombre, a gardé son épée glorieuse et luisante; tandis que le second l'a honteusement rendue à Sedan, toute souillée de taches qui ne s'effaceront jamais. Cependant, à notre avis, nous croyons que Napoléon III n'a été ni servi ni secondé.

Mais terminons notre résumé et laissons aux pères de famille le bon sens de se gouverner eux-mêmes, de se donner un gouvernement libre, juste et impartial, afin de mettre la France à même de réparer ses malheurs, de reconquérir son ancien prestige, sa glorieuse prépondérance et surtout la liberté de son intelligence, pour aider tous les peuples à développer chez eux les lumières sociales et religieuses.

Nous avons déjà dit qu'un seul député nommé par chaque arrondissement, serait plus que suffisant et nous avons ajouté que plus une assemblée est nombreuse, plus elle est diffuse: nous disions vrai ; car, si nous devons nous en rapporter aux journaux, d'après les comptes-rendus des séances de l'Assemblée qui nous a régis jusqu'à aujourd'hui, nous pouvons dire que les membres qui composent un tout petit Conseil municipal de la plus petite commune rurale se respectent beaucoup mieux que ne l'ont fait jusqu'ici ceux de notre fameuse Assemblée de sept cent cinquante. Les puissances étrangères se moquent de nous, et elles ont raison ; aussi en profitent-elles, témoin les faits qui s'accomplissent tous les jours.

Il est donc urgent que, par une entente unanime du vrai patriotisme, par une abnégation rationnelle de tout parti, nous nous déclarions tous vrais enfants de la France. Notre mère-patrie nous en fait un devoir, si nous voulons éviter la guerre à l'extérieur et à l'intérieur, et surtout pour nous préserver du sort de la Pologne. C'est au peuple souverain de faire cesser cet état d'incertitude et de se donner un gouvernement réellement national.

Art. 6.

Nous avons déjà dit qu'il serait possible de créer dans chaque commune une caisse communale. En effet, supposons que la France alloue au Président de la République un traitement trois, cinq, six et même dix fois plus élevé que celui que les Etats-Unis allouent à leur président, ce traitement n'égalera jamais celui que la France a donné jusqu'à ce jour à ses rois et à ses empereurs. Nous ne croyons pas exagérer en disant que nous pourrions économiser annuellement une cinquantaine de millions qui, répartis entre toutes les communes, leur fourniraient le moyen de former une caisse communale ; ajoutons encore à ce dividende l'économie des dotations qu'on nous oblige de donner aux enfants du monarque et à toute sa parenté.

Nous ne voulons pas dire que de cette économie on ferait chaque année un dividende en faveur de chaque commune ; car, ce serait peut-être donner lieu à de vives et justes réclamations, parce qu'un dividende, quelque exactement qu'il fût fait, pourrait ne pas satisfaire toutes les petites communes.

Il y a un moyen plus simple et tout rationnel : ce serait de donner à chaque commune le droit de retenir en sa faveur le 20me, ou le 15me ou le 10mo de ses quatre contributions directes, et cette retenue entretiendrait et alimenterait annuellement la caisse communale dont nous voulons parler. Par exemple :

Une toute petite commune rurale paie

20,000 francs d'impôts annuels ; s'il lui est permis de retenir le dixième, elle mettra chaque année deux mille francs dans sa caisse communale, où elle pourra puiser pour les besoins des biens communaux et même pour soulager des misères locales.

On comprendra facilement que nous ne parlons ici que des toutes petites communes rurales ; car, la retenue du dixième des impositions des communes urbaines serait bien différente et bien plus sensible ; d'après notre appréciation, cette retenue grossirait chaque année la caisse communale.

Ajoutons encore à tout cela que si, un jour, la France était dans la nécessité d'avoir recours à un emprunt, les caisses communales lui fourniraient suffisamment pour la dispenser de recourir aux bourses étrangères.

Nous comprenons très bien que la réalisation des caisses communales que nous proposons, n'est pas trop possible avant que nous ayons équilibré le coup d'écumoire que la Prusse est venu faire en France ; mais un gouvernement sage et bien géré, comme nous le conseillons, nous mettrait bientôt à même de tout réaliser.

Cinq ans de règne du gouvernement républicain ou national.

Un mois avant l'expiration de la période de cinq ans de gouvernement républicain, Monsieur le Président de la République prononcera la dissolution des Conseils municipaux et il ordonnera de nouvelles élections qui auront lieu le premier dimanche du mois fixé par le gouver-

nement. Les membres sortant du Conseil municipal ne seront pas réélus pour les cinq ans
suivants, c'est-à-dire que ceux qui ont été élus
pour la première période quinquennale, ne
pourront l'être que pour la troisième et ceux de
la seconde pour la quatrième.

Egalement, pendant le même mois, Monsieur
le Président de la République dissoudra les
Conseils généraux et les Conseils d'arrondissement et il fixera les nouvelles élections pour le
même mois, huit ou quinze jours après les élections communales. Les nominatious faites par
ces deux Assemblées cesseront également et
seront remplacées par des nouvelles; c'est-à-
dire que les préfets et sous-préfets seront remplacés tous les cinq ans, en procédant comme
nous l'avons dit.

Immédiatement après les élections des Conseils généraux et ceux des arrondissements,
Monsieur le Président de la République, ou
bien la suprême Assemblée, prononcera sa dissolution après avoir nommé une commission de
permanencce, qui ne sera relevée de ses fonctions
que par une nouvelle Assemblée dont les élections seront fixées le premier du mois qui suivra
les deux élections précédentes : communales et
cantonales. Nul député sortant ne sera réélu
pour la période suivante; ce ne sera qu'à la troisième élection que les députés de la première
pourront être réélus, et ainsi de suite, comme
nous l'avons dit pour les élections des communes et des cantons.

Après son organisation et la prestation de
serment faite comme nous l'avons dit pour la
première, la seconde Assemblée Souveraine
prononcera la cessation du gouvernement ad-

ministratif du Président de la République et lui donnera, par de nouvelles élections, un successeur ; car, il est bien entendu que le Président sortant ne pourra pas être réélu.

Une paternelle République peut seule nous garantir d'une guerre avec l'étranger et d'une guerre civile. La France est à nous tous et pour nous tous. Plus de prétendants ; liberté avec ordre, égalité devant la loi, fraternité sans bornes et progrès pour tous.

Pères de famille, vrais enfants de la France, vivons en paix et ne nous mêlons qu'avec prudence aux conflits des autres puissances ! Veillons à l'intégrité du territoire de notre patrie. Préparons-nous ; soyons toujours prêts et capables de repousser toute tentative d'invasion ou d'usurpation de la part de l'ennemi, d'où qu'il nous vienne et quel qu'il soit.